Dieses Buch gehört:

_____

Der Bücherbär
1. Klasse

Liebe Eltern,

jedes Kind ist anders. Manche Kinder kennen bereits alle Buchstaben in der Vorschule und können erste Wörter lesen. Andere lernen das Abc in der Schule. Für das spätere Leseverhalten ist es jedoch völlig unerheblich, wann die Kinder das Alphabet meistern. Wichtig aber ist der Spaß am Lesen – von Anfang an. Deshalb ist das Bücherbär-Erstleserprogramm konzeptionell auf die Fähigkeiten und Bedürfnisse der Kinder abgestimmt.

Dieses Buch richtet sich an Leseanfänger in der 1. Klasse. Die übersichtlichen Leseeinheiten und kurzen Zeilen sind ideal zum Lesenlernen. Zahlreiche Bildergeschichten unterstützen das Textverständnis. Zusätzlich regen lustige Buchstaben- und Leserätsel am Ende des Buches zum Nachdenken und zum Gespräch über die Geschichte an. Denn Kinder, die viel Gelegenheit zum Sprechen haben, lernen auch schneller lesen.

Ihr Bücherbär

Christian Seltmann

Beste Freunde und ein tolles Abenteuer

Mit Buchstaben- und Leserätseln

Bilder von Tessa Rath

Christian Seltmann
studierte Geschichte, Germanistik und Philosophie in Bochum.
Er war Matratzenlieferant, Radiosprecher, Krankenwagenfahrer,
Universitätsdozent, Fremdenführer und vieles mehr. Er war
Pfadfinder und Messdiener und ein Jahr lang in Spanien.
Heute lebt er mit seiner Frau und zwei Kindern in Coburg
und schreibt Kinderbücher. Richtig gerne!

Tessa Rath,
geb. 1978, hat eigentlich Kunsttherapie studiert, widmet sich
aber seit ihrem Studienabschluss ihrer Leidenschaft, dem
Illustrieren. Neben Kaffee liebt sie das entspannte Landleben und
ihren Garten. Mit ihrem Mann und den gemeinsamen zwei
Kindern lebt und arbeitet sie in der Nähe von Bremen
am Rande eines wunderbaren Waldes.

Ein Verlag in der **westermann** GRUPPE

MIX
Papier aus verantwor-
tungsvollen Quellen
FSC® C110508

FSC
www.fsc.org

Der Bücherbär
1. Auflage 2021
© 2021 Arena Verlag GmbH
Rottendorfer Straße 16, 97074 Würzburg
Alle Rechte vorbehalten

Text: Christian Seltmann
Cover und Innenillustrationen: Tessa Rath

Gesamtherstellung: Westermann Druck Zwickau GmbH
Printed in Germany

ISBN 978-3-401-71587-2

Besuche den Arena Verlag im Netz:
www.arena-verlag.de

Inhalt

In dieser Geschichte spielen mit:

Rosi

Gerd

Hilde

Schwierige Wörter im Text:

Birkenstämme

Staudamm

Holzschwert

Windräder

Vogelscheuche

Langeweile

Gerd nagt.

Das macht er meistens.

Er ist ein Biber.

Die nagen viel und gerne.

Gerade nagt Gerd einen Baum um.

Krachend fällt der Baum zu Boden.

„Au! Pass doch auf", schreit Hilde.

„Hast du schlechte Laune?",
kaut Gerd.

DOCH!

„Nein", lügt Hilde.

„Doch", mampft Gerd.

„Ja, stimmt", schmollt Hilde.

„Wieso?", fragt Gerd und nagt
wieder einen Baum an.

„Es ist so langweilig", mault Hilde.

Gerd mampft.

„Ist doch super hier."

Er hat einen großen Bau gebaut.

Mit Staudamm und Brücke.

„Guck."

„Ja, ja, du und deine Bauten",
nervt Hilde.
„Ich will ein Abenteuer erleben."
Gerd brummt:
„Was denn für ein Abenteuer?"

„Na, so wie ein Ritter."

„Ein Ritter?", fragt Gerd.

„Ja!", ruft Hilde.

„Wir ziehen herum
und finden eine Burg."

„Ach nö!", murrt Gerd.

Aber Hilde mault und mault.

Und nervt und nervt.

Schließlich sagt Gerd:
„Na gut, dann los."

Er hat für Hilde ein Schwert genagt.
„Hier, du bist jetzt der Ritter."
Hilde nimmt das Schwert und fragt:
„Und du?"
„Ich?"
„Ja, du!"

Hilde guckt traurig.

„Kommst du nicht mit?"

„Nein", sagt Gerd.

„Alleine geh ich nicht", nölt Hilde.

Jetzt nervt Hilde schon wieder.

Gerd ist sauer.

„Dann eben nicht."

„Na, komm schon."

Hilde klimpert mit den Augen.

„Gut", seufzt Gerd.

Er betrachtet seinen schönen Bau.

Dann ziehen sie los.

„Das wird toll!", jubelt Hilde.

Auf Achse

Aber nichts wird toll.
Es regnet.
Gerd macht das nichts aus.
Er ist ein Biber.
Die mögen Wasser.
Von oben und von unten.

Aber Hilde tropft das Wasser
von den Ohren.
Sie kommen in den Wald.

„Wo wollt ihr hin?",
fragt eine Stimme.
Gerd und Hilde sehen sich um.
Aber sie sehen nichts.
Nur Birkenstämme.

„Ein unsichtbarer Drache!"
Hilde fuchtelt mit dem Holzschwert.
Sie haut es an einen Baumstamm.
„Au!", macht der Baumstamm.

„Na warte!", sagt Gerd
und reißt das Maul auf.
Denn die Bäume sehen lecker aus.
Sehr lecker!

„Stopp!", ruft die Stimme.
Hilde und Gerd blicken
nach oben.
„Ein Drache!", ruft Hilde.

„Quatsch", brummt Gerd.
„Das ist ein Kamel."
„Hast du sie noch alle?",
fragt die Stimme.
„Ich bin Rosi, eine Giraffe."
„Oh", macht Hilde.

Rosi fragt: „Wo wollt ihr hin?"
„Abenteuer erleben", sagt Hilde.
„Da komme ich mit",
ruft Rosi.

Zu dritt gehen sie weiter.

Und gehen und gehen.

„Da!", ruft Hilde.

„Das sind Riesen."

„Oder Windräder?",

murmelt Gerd.

Aber Hilde ist schon weg.

Sie hoppelt über die Felder

und springt über Gräben.

Sie bedroht die Windräder
mit dem Holzschwert.

Gerd und Rosi kommen dazu.
„Und?", fragt Rosi.
„Jetzt sind die Riesen brav!",
sagt Hilde.
Sie ist ganz stolz.

„Ja, gut, dann", brummt Gerd.
„Halt!", flüstert Hilde.
„Was ist das?"
Es donnert!
„Oh!"

Da bricht der Sturm los.
Es blitzt.
Es donnert.
Es schüttet.
„Toll!", sagt Gerd und grinst.
„Au weia!", klagt Hilde.
„Kommt schnell!", ruft Rosi.

27

Wagnis

Hilde steht vor der Höhle.
„Dadrin ist es zu dunkel."
„Na ja", sagt Gerd.
„Aber trocken", sagt Rosi.
„Was ist dadrin?",
will Hilde wissen.

Das Gewitter kracht,

es blitzt und donnert.

Die drei springen in die Höhle.

Gerd sieht sich um.
„Ganz nett hier."
„Was?", kreischt Hilde.
„Mir ist kalt."
„Na ja", sagt Gerd.

Hilde bibbert.
„Was ist dahinten?"
Gerd und Rosi gucken in die Höhle.
„Keine Ahnung", sagt Gerd.
„Es ist trocken", sagt Rosi.

„Ich hab Angst!", zittert Hilde.

„Ach, komm!", sagt Gerd.

„Das ist doch ein tolles Abenteuer."

Hilde schnieft. „Ja?"

„Bestimmt."

Gerd drückt Hilde an sich.

Hilde kuschelt sich an Gerd.

„Ich will heim."

„Und das Abenteuer?"

„Ich weiß nicht", murmelt Hilde.

Gerd steht am Eingang der Höhle.

„Es wird schon wieder!"

„Echt?", fragt Rosi.

„Wo willst du hin?", fragt Hilde.

„Heim!", sagt Rosi. „Und ihr?"

„Na ja!", brummt Gerd.

Denn er möchte auch heim.

Gut, dann!

Hilde guckt hinaus.
„Was ist das?"
Hilde hüpft schon wieder
auf und ab.
„Ähm …", sagt Gerd.
Da ist Hilde bereits weg.

„Gut, dann!", sagt Gerd.
„Viel Spaß noch!"
Und weg ist Rosi.

Als Gerd Hilde einholt,
kämpft Hilde gegen …
eine Vogelscheuche.
„Ein Räuber!", ruft Hilde.

„Da!"

„Nimm das!"

„Schurke!"

„Aua!", schreit Hilde.

Und plumpst auf den Po.

„Was hast du denn?", fragt Gerd.

Er sieht sich Hildes Pfote an.

„Die ist verknackst!"

„Aua!!!", klagt Hilde.

Sie ist wütend und weint.

Oh, wie schön ...

„Jetzt will ich wirklich heim", sagt Hilde.
„War das genug Abenteuer?",
fragt Gerd.
„Ich glaube schon", schmollt Hilde.

Gerd trägt Hilde.

Sie kommen
auf einen Hügel.
Vor ihnen liegt der Fluss.
Ihr Fluss!

Hilde zeigt auf Gerds Bau.

„Da! Eine Burg", jubelt Hilde.

„Das ist doch nur …", sagt Gerd.

Er meint: Das ist doch nur mein Bau.

Aber Hilde jubelt:

„Mit einer Brücke

über den Fluss.

Wie schön."

Hilde reckt das Schwert in die Luft.
„Ich nehme diese Burg in Besitz!"
Und sie springt auf die Brücke.

„Hier muss noch ein Turm hin."

„Klar", sagt Gerd.

„Und hier noch eine Brücke."

„Gerne!", sagt Gerd.

Er macht sich an die Arbeit.

Hilde ist der Ritter

in der Burg.

„Und ich?", fragt Gerd.

„Du bist der Burg-Bau-Drache?",

sagt Hilde.

„Kein Problem!", grinst Gerd.

Buchstaben- und Leserätsel

1. Gerd ist ein Biber.

a. Am liebsten isst er Flieder.

b. Am liebsten nagt er immer wieder.

c. Am liebsten pfeift er Lieder.

2. Hilde will hinaus in die Welt:

Was will sie finden?

Die Anfangsbuchstaben verraten es dir.

___   ___   ___   ___

3. Hilde und Gerd sind _____.

de   Fr   eun

4. Gegen wen oder was kämpft Hilde nicht mit ihrem Holzschwert?

Gegen einen _____.

Und dann?

Am Ende ihres Abenteuers sind Gerd und Hilde zufrieden. Warum ist Gerd zufrieden und warum Hilde? Was meinst du?

Lösungen

So heißt es richtig:

1. b) Gerd ist ein Biber.
    Am liebsten nagt er immer wieder.

2. Hilde will in die Welt hinaus und eine BURG
    finden.

3. Hilde und Gerd sind Freunde.

4. Hilde kämpft gegen ein Windrad, gegen
    eine Vogelscheuche, aber nicht gegen einen
    Drachen.

Themengeschichten mit Silbentrennung

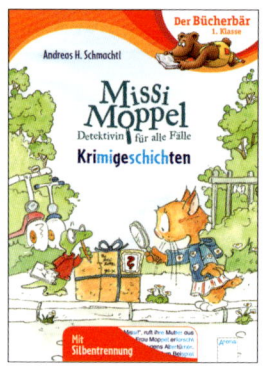

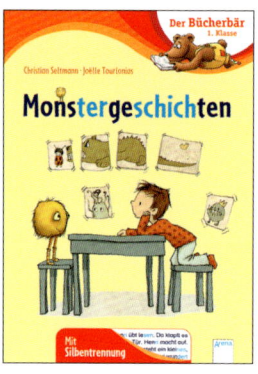

Missi Moppel
Krimigeschichten
978-3-401-71668-8

Monstergeschichten
978-3-401-71650-3

Schulgeschichten
978-3-401-71563-6

Tilda Apfelkern
Freundschaftsgeschichten
978-3-401-71572-8

Jeder Band: Ab 6 Jahren • Themengeschichten mit Silbentrennung • Durchgehend farbig illustriert • 48 Seiten • Gebunden • Format 17,5 x 24,6 cm

Mit Bücherbärfigur am Lesebändchen

Große Fibelschrift und Zeilen-trennung nach Sinneinheiten

Mit Bilder- und Leserätseln

Einfache Geschichten mit kurzen Zeilen

Mit Silbentrennung

Viele farbige Bilder

Innenseite aus *»Erdbeerinchen Erdbeerfee – Lustige Zaubergeschichten«* ISBN 978-3-401-71691-6

Diese Reihe ist auf die Fähigkeiten von Leseanfängern abgestimmt: Übersichtliche Leseeinheiten und kurze Zeilen sind ideal zum Lesenlernen. Das Hervorheben der Sprechsilben hilft dabei, ein Wort richtig lesen und verstehen zu können.

Empfohlen von *westermann*

Der Bücherbär
1. Klasse

Eine durchgehende Geschichte

Gefahr in der Gepardenschlucht
978-3-401-71369-4

Tilda Apfelkern
Beste Freunde und ein Regenbogen-Picknick
978-3-401-71652-7

Das kleine Muffelmonster
Viel Wirbel im Klassenzimmer
978-3-401-71693-0

Das Geheimnis der Piratendrachen
978-3-401-71580-3

Jeder Band: Ab 6 Jahren • *Eine durchgehende Geschichte* • Durchgehend farbig illustriert • 48 Seiten • Gebunden • Format 17,5 x 24,6 cm

Zeilentrennung nach Sinneinheiten

Bildergeschichten erleichtern das Leseverständnis

Mit Bücherbärfigur am Lesebändchen

Große Fibelschrift

Viele farbige Bilder

Innenseite aus *»Millis erster Schultag«*
978-3-401-71653-4

Diese Reihe richtet sich an Leseanfänger in der 1. Klasse. Mit der großen Schrift, den kleinen Kapiteln und den vielen farbigen Bildern macht das erste Lesen viel Spaß.

Empfohlen von **westermann**